Verdis „Nabucco" und das Alte Testament

Matthias Augustin

Verdis „Nabucco" und das Alte Testament

PETER LANG

Bibliografische Information der Deutschen Nationalbibliothek
Die Deutsche Nationalbibliothek verzeichnet diese Publikation
in der Deutschen Nationalbibliografie; detaillierte bibliografische
Daten sind im Internet über http://dnb.d-nb.de abrufbar.

ISBN 978-3-631-86005-2 (Print)
E-ISBN 978-3-631-86625-2 (E-PDF)
E-ISBN 978-3-631-86626-9 (EPUB)
DOI 10.3726/b18981

© Peter Lang GmbH
Internationaler Verlag der Wissenschaften
Berlin 2022
Alle Rechte vorbehalten.

Peter Lang – Berlin · Bern · Bruxelles · New York ·
Oxford · Warszawa · Wien

Das Werk einschließlich aller seiner Teile ist urheberrechtlich
geschützt. Jede Verwertung außerhalb der engen Grenzen des
Urheberrechtsgesetzes ist ohne Zustimmung des Verlages
unzulässig und strafbar. Das gilt insbesondere für
Vervielfältigungen, Übersetzungen, Mikroverfilmungen und die
Einspeicherung und Verarbeitung in elektronischen Systemen.

Diese Publikation wurde begutachtet.

www.peterlang.com

Für Gerd Uecker

Inhaltsangabe

Geleitwort. Überlegungen zur Verwendung
alttestamentlicher Texte in Opernlibretti 9

„Va, pensiero...." Verdis „Nabucco" und das
Altes Testament. Für Gerd Uecker 15

   Nabucco und das Risorgimento 15

   „Nabucco", Kurzform des italienischen
   „Nabucodonosor", der italienische Name für
   Nebukadnezzar 24

   Nabucco = Nebukadnezzar II. 25

   Nabucco = Nabonid 30

   Nabucco = Kyros II. 40

   Wer ist also Nabucco? 46

Anmerkungen 49

Zusammenfassung 57

Summary 61

Geleitwort

Überlegungen zur Verwendung alttestamentlicher Texte in Opernlibretti

Die Verwendung alttestamentlicher Texte und Geschichten für Opern- und Konzertlibretti ist ungefähr so alt wie die Genres selbst. Mit Gioacchino Rossini erreicht dies jedoch eine ganz andere Wertigkeit. Gerade in seiner Beschäftigung mit Moses geht Rossini vollkommen andere Wege. Zu seinen größten Erfolgen gehört „Mosè in Egitto", deren dritten Akt Rossini nach der Uraufführung vom 5. März 1818 im nächsten Jahr bearbeitete und ergänzte und die er als französische Grand Opéra für Paris 1827 in einer neuen Fassung als „Moïse et Pharaon ou Le Passage de la Mer Rouge" herausbrachte. Rossini gibt den Figuren eine bis dahin nicht gekannte Ausdruckskraft. Die Israeliten sind ein Volk ohne Angst, das bereit ist, sich mit dem Pharao anzulegen. Mose hat ein Heer junger Männer unter Waffen, die bereit sind, gegen den Pharao zu kämpfen. Moses und Pharao, beide als Bass Sänger in der vollen Wucht dieser Stimmlage komponiert, geraten als Feinde aneinander. Entscheidend ist nicht die eigene militärische Macht, sondern wer auf Jahwe vertraut, der mit seinem Segen auch das Gelingen der militärischen Auseinandersetzung gibt. Der musikdramatische Höhepunkt dieser Oper ist die berühmte Preghiera „Dal tuo stellato soglio" im dritten Akt. Darüber schrieb Paganini eine eigene Variationenreihe. Kritiker wie Herbert Weinstock sprachen bei der Uraufführung am 26. März 1827 von „hysterischer Begeisterung", die diese Oper erweckte. Sie erlebte in den folgenden Jahren einen wahren Siegeszug, in ganz Italien, aber auch in München und Dresden, in Wien, Barcelona und London und bald darauf auch in New York.

Wegen des biblischen Bezugs wurde „Mosè in Egitto" auch konzertant in Kirchen aufgeführt.

Das entscheidende bei Rossini dürfte neben der grandiosen Musik darin liegen, dass er zusammen mit dem Librettisten Luigi Balocchi und Victor-Joseph-Etienne de Jouy mit Mose und dem Pharao zwei so starke Charaktere geschaffen hat, die die Zeiten überdauern. So ist die Nürnberger Inszenierung dieser Oper aus dem Jahre 2010 besonders hervorzuheben, in der der Regisseur David Mouchtar-Samorai Mose mit Theodor Herzl, dem Begründer des modernen Zionismus parallelisiert und teilweise sogar identifiziert, sodass der Zug durch das Rote Meer als Befreiung aus der Diaspora in das Gelobte Land gesehen wird.

Was Giuseppe Verdi getrieben hat, das 1836 von dem damals nicht unbekannten Auguste Anicet-Bourgeois herausgebrachte Drama „Nabucodonosor" zur Grundlage einer Oper zu nehmen, untersucht diese Schrift. Temistocle Soleras Libretto fußte auf diesem Drama. Aber Verdi und Solera gingen mit diesem Text ganz neue Wege. Ob Risorgimento oder nicht, und wer war Nabucco wirklich? Verdi soll über seine erste Begegnung mit dem „Nabucco" Libretto selbst gesagt haben: „Ich durchflog die folgenden Verse und wurde umso tiefer von denselben ergriffen, als dieselben fast eine Paraphrase der Bibel bildeten, an der mein Herz stets mit warmer Begeisterung hing." Arthur Pougin, Verdi. Sein Leben und seine Werke, Leipzig 1887, S. 56

Ein weiteres gutes Beispiel ist Camille Saint-Saëns mit seiner Oper „Samson et Dalila", die auf der biblischen Erzählung Ri 13-16 fußt. Das Libretto stammt von Ferdinand Lemaire. Hier zeigt sich, dass ein biblischer Text nicht eo ipso ein Erfolgsgarant ist. Saint-Saëns hat an dieser Oper insgesamt

Geleitwort

10 Jahre, von 1868-1877, gearbeitet, wobei er immer wieder einzelne Teile zur Aufführung in privatem Rahmen präsentierte, die aber meist negativ beurteilt wurden. In Frankreich war man sehr zurückhaltend, vor allem, weil es sich um einen biblischen Text handelte, den man als anstößig empfand. Es war Franz Liszt, der Saint-Saëns immer wieder ermunterte, an dieser Opernkomposition weiterzuarbeiten. So war dann auch die Uraufführung 1877 in Weimar – und zwar in deutscher Sprache, aber bei den nächsten Aufführungen setzte sich dann die französische Originalsprache durch. Es war eine Mischung aus früheren Kompositionen, vor allem Oratorien, mit orientalischer Musik, die er während seines Aufenthalts in Algier 1874 komponierte. Entscheidend für die kontroverse Diskussion dürfte aber der biblische Stoff selbst gewesen sein, die Liebe zu einer Frau mündet für Simson in die Selbstzerstörung, in der er aber auch das Fundament der Philister zerstört. Was die Bibel des Alten Testaments in drastischer Deutlichkeit schildert, ist für das empfindsame Pariser Publikum der zweiten Hälfte des 19. Jahrhunderts wohl eine Zumutung.

Und heute? Die Verwendung alttestamentlicher Texte in Opern ist aktuell wie eh und je. In Kürze erscheint die Oper „Dawid. Ein Spiel von Leidenschaft. Macht. Liebe – An sieben Schauplätzen in zweiundzwanzig Nummern." Die Musik stammt von Wilfried Hiller, das Libretto von Stefan Ark Nitsche.

„Dawid ben Ischai, ein junger, ehrgeiziger Musiker erringt traumwandlerisch einen Sieg im Zweikampf mit einer bis an die Zähne bewaffneten Kampfmaschine der Besatzer der eigenen Heimat. Dieser frühe Triumph mit der berühmten Hirtenschleuder über den Riesen Goliath katapultiert den Dichter und Sänger auf die politische Bühne.

Noch ehe das neue Leben und die frische Liebe der Königstochter eine Chance haben, fegt die Wucht der Eifersucht im Spiel der Mächtigen ihn wieder ins Nichts.......

Doch auf dem Höhepunkt seiner Karriere stürzt er ab. Selbstverschuldet: Alle und alles beherrscht er, nur nicht sich selbst und sein Begehren!

Gibt es aus dem Sturz in den Abgrund eine Rückkehr?"

In den handelnden Personen sind Vergangenheit und Gegenwart ineinander verwoben, um in die Zukunft zu weisen, die der Hörer reflektieren kann.

Personen

Der Bildhauer: Michelangelo, zugleich Prinz Jonathan (Tenor)
Die Dichterin: Nelly Sachs, zugleich Abigail, Witwe des Nabal (Alt; od. Mezzo)
Der Maler: Marc Chagall, zugleich der Prophet Nathan (Bass)
Das männliche Modell im Atelier der Künstler, zugleich Dawid ben Ischai (Tenor)
Das weibliche Modell im Atelier der Künstler, zugleich Bathseba (Sopran)
Der Auftraggeber, zugleich General Joab, Sohn der Zeruja (Bass-Bariton)
Die Begleitung des Auftraggebers, zugleich Prinzessin Michal (Sopran)
Ein Historiker, zugleich der Bote (Sprechrolle)

Anders als Luigi Balocchi und Victor-Joseph-Etienne de Jouy, Temistocle Solera und Ferdinand Lemaire ist Stefan Ark Nitsche ein Fachmann auf diesem theologischen Gebiet, Professor für Altes Testament und Regionalbischof der Bayerischen Landeskirche im Ruhestand. Er hat die Texte exegesiert, über den historischen David gearbeitet und bringt dies nun in einen völlig neuen Kontext. Das Libretto spitzt natürlich die alttestamentlichen Texte zu, die Musik

Geleitwort

verdichtet mit ihren Möglichkeiten die tiefen Dimensionen der existenziellen Begegnung, aber es werden auch kontextuale Zusammenhänge herausgearbeitet, die uns einen neuen Zugang zu David ermöglichen, ähnlich wie Rossini mit Mose und dem Pharao, Verdi mit Nabucco und Saint-Saëns mit Samson und Delila.

Wie sehr Simson und Delila, David und Bathseba als Verführte und Verführer, als Opfer und Täter in einem reziproken Verhältnis zueinander gesehen werden können und wie diese Aktualität Jahrtausende bis in unsere Gegenwart überbrückt, zeigen auch Texte populärer Musik, am beeindruckendsten wohl in dem berühmten Song von Leonard Cohen „Halleluja":

> „Your faith was strong but you needed proof
> You saw her bathing on the roof
> Her beauty and the moonlight overthrew ya
> She tied you to a kitchen chair
> She broke your throne, and she cut your hair
> And from your lips drew the Hallelujah"

Heroldsbach, im August 20..
Matthias Augustin

„Va, pensiero...." Verdis „Nabucco" und das Alte Testament

Für Gerd Uecker (1)

Nabucco und das Risorgimento

Nabucco ist **die** Wende im Leben Verdis. Ohne diese Oper wäre Verdi nie der geworden, wie wir ihn alle kennen.

Verdi hatte den Schutz des Kleinbürgertums in Busseto aufgegeben. Mit seiner Frau war er nach Mailand übersiedelt, ohne finanzielle Absicherung und mit dem großen Risiko, ob er als Komponist erfolgreich ist. Seine ersten Opern waren durchgefallen.

Arthur Poguin berichtet uns hierüber:

> „Allein jetzt begann für mich eine Reihe der schwersten Unglücksfälle. Im April wurde mein kleiner Knabe krank; es gelang den Ärzten nicht, die Ursache seines Leidens zu entdecken, und langsam dahinsiechend verstarb der Kleine in den Armen seiner vor Schmerz fast wahnsinnigen Mutter. Einige Tag später erkrankte mein Töchterchen, und auch sie raffte der Tod dahin!... Doch das war noch nicht alles: in den ersten Tagen des Juni wurde meine junge Frau selbst von einer heftigen Gehirnentzündung befallen und am neunzehnten Juni 1840 trug man einen dritten Sarg aus meiner Wohnung!
>
> Ich war allein... ganz allein! ... In einem Zeitraum von etwa zwei Monaten hatte ich drei teure Wesen verloren; meine ganze Familie war dahin! ... Und in dieser furchtbaren Seelenqual musste ich eine komische Oper schreiben!...
>
> Von Schmerz gebeugt durch das Unglück, welches auf mich eingestürmt war, und außerdem verbittert durch den Misserfolg meiner Oper redete ich mir ein, dass ich

keinen Trost mehr in der Kunst finden würde und fasste den Entschluss, nie wieder zu komponieren!.......

Merelli ließ mich rufen und behandelte mich als ein launenhaftes Kind! ... Er könne nicht glauben, dass ein einziger Misserfolg im Stande sei, mir die Freude an der Kunst zu verderben u.s.w. u.s.w. Aber ich ließ nicht nach, bis er mir endlich meinen Kontrakt zurückgab.

‚Ich kann Dich nicht mit Gewalt zwingen zu schreiben, Verdi,' sagte er, ‚aber mein Vertrauen zu Dir ist noch dasselbe wie früher. Wer weiß, eines Tages wirst Du vielleicht doch wieder zur Feder greifen! ... In diesem Falle brauchst Du mich nur zwei Monate vor Beginn der Saison zu benachrichtigen, und ich verspreche Dir, dass die Oper, die Du mir bringst, zur Aufführung gelangen wird.'

Ich dankte ihm; aber seine Worte vermochten meinen Entschluss nicht wankend zu machen.

Ich blieb in Mailand und nahm eine Wohnung in der Nähe der Corsia de' Servi. Mein Mut war auf das Tiefste gesunken und ich dachte nicht mehr an die Musik, als ich eines Abends am Ausgange der Galerie Christoforis mit Merelli zusammentraf, der im Begriff war, nach dem Theater zu gehen. Der Schnee fiel in dichten Flocken vom Himmel, und Merelli, der seinen Arm unter den meinen geschoben hatte, nötigte mich, ihn nach dem Theater zu begleiten. Unterwegs erzählte er mir, dass er sich in großer Verlegenheit befände wegen einer neuen Oper, die er zu geben habe. Er hatte Niclοai beauftragt, dieselbe zu schreiben, aber der Künstler war mit dem Libretto nicht zufrieden.

‚Denke Dir nur,' sagte Merelli, ‚ein Text von Solera, herrlich!!... wundervoll!! ... ausgezeichnet!!... die dramatische Situation geradezu großartig, dabei sehr spannend, und wunderschöne Verse ... aber dieser Querkopf von Nicolai lässt nicht mit sich reden: er sagt einfach, der Text ist unmöglich! ... Ich weiß nicht, was ich machen soll; ... wenn ich wenigstens wüsste, wo ich gleich einen anderen Text hernehmen soll!'...

Nabucco und das Risorgimento

‚Hier ist das Libretto von Solera. Es ist ewig schade um die schöne Dichtung! ... Nimm Sie doch einmal mit, und sieh sie Dir an!'

‚Was soll ich damit? Ich bin durchaus nicht in der Stimmung Operntexte zu lesen.'

‚Nun, dieser hier wird Dich nicht verletzen; lies ihn, und bring ihn mir gelegentlich wieder mit.'

Er zwang ihn mir förmlich auf. Es war ein starkes Heft und in großen Buchstaben geschrieben, wie sie zu jener Zeit Mode waren. Ich machte eine Rolle daraus, steckte sie in die Tasche und begab mich nach Hause.

Unterwegs bemächtigte sich meiner eine Art unerklärlichen Unbehagens; eine tiefe Traurigkeit, ja fast eine wahre Todesangst schnürte mir die Brust zusammen. Zu Hause angelangt warf ich das Manuskript mit einer fast gewaltsamen Bewegung auf den Tisch. Im Fallen war dasselbe aufgegangen, und ohne dass ich mir Rechenschaft darüber zu geben vermochte, blieben meine Augen auf der vor mir geöffneten Seite und speziell auf dem Verse haften:

Va, pensiero, sull'ali dorate.

Ich durchflog die folgenden Verse und wurde umso tiefer von denselben ergriffen, als dieselben fast eine Paraphrase der Bibel bildeten, an der mein Herz stets mit warmer Begeisterung hing.

Ich lese einen Abschnitt, einen zweiten, dann, fest auf meinem Vorsatze beharrend, nichts mehr zu schreiben, schließe ich das Heft und lege mich schlafen! ... aber was half's!..... Nabucco ging mir fortwährend durch den Kopf... ... der Schlaf kam nicht. Ich stehe wieder auf und lese das Libretto nicht einmal, nein zwei-, dreimal, so oft, dass ich am andern Morgen das Gedicht Soleras von Anfang bis zu Ende auswendig wusste.

Trotz alledem war ich keineswegs gesonnen, meinen Vorsatz zu ändern und kehrte im Laufe des Tages nach dem Theater zurück, um Morelli das Manuskript wieder einzuhändigen.
‚Nun, schön! Nicht wahr?' fragte er.
‚Sehr schön.'
‚Wohlan, so setze es in Musik!'
‚Nein, ich will nichts damit zu tun haben.'
‚Setze es in Musik! Sage ich Dir, setze es in Musik!'
Bei diesen Worten nimmt er das Manuskript, steckt es mir in die Tasche meines Überziehers, nimmt mich bei den Schultern und schiebt mich nicht nur aus seinem Kabinett, sondern schlägt mir auch noch die Tür vor der Nase zu und verriegelt sie von innen.
Was tun?
Ich ging nach Hause mit Nabucco in der Tasche. Heute einen Vers, morgen einen anderen, bald eine Note, bald ein Satz... und nach und nach wurde die Oper fertig.
Im Herbst 1841 gedachte ich des Versprechens Merellis. Ich ging zu ihm, um ihm anzukündigen, dass Nabucco fertig sei und zum nächsten Karneval gegeben werden könne.'" (2)

Nabucco wurde zum durchschlagenden Erfolg. Man hat immer darüber gestritten, ob es an der unvergleichlichen Musik dieses genialen Komponisten lag, am Libretto oder an der politischen Situation in der Lombardei, wo die Menschen sich ebenso vom Joch der Habsburger befreien wollten wie die Judäer vom Joch Babylons. Der Gefangenenchor wurde zu einer Art Nationalhymne. Diese Frage wird man wohl nie abschließend klären können. Richtig dürfte sein, dass alle drei Aspekte zusammenkommen, ineinander spielen und eine Einheit dieses Erfolges ausmachen. Wäre diese Oper ein Misserfolg geworden, so wäre Verdi der Opernwelt wohl endgültig verloren gegangen. Weder hätte er die nachfolgenden 23 Opern komponiert, ohne die die Musikwelt um so vieles ärmer wäre. Er

Nabucco und das Risorgimento 19

hätte nicht als Politiker gewirkt, wäre kein Abgeordneter im ersten italienischen Parlament von 1861-1865 geworden, hätte nicht seinen Anteil am Risorgimento, an der freiheitlich - nationalen Umgestaltung Italiens gehabt und V.E.R.D.I. wäre nie ein Akronym für „Vittorio Emmanuele Re D'Italia" geworden.

Die Frage, inwieweit Verdi seine Oper als Beitrag zur Nationalbewegung komponiert hat bzw. inwieweit sein Publikum sein Werk als solches verstand, soll angesichts unserer Themenstellung, die sich primär einer anderen Frage zuwendet, hier nicht in extenso erörtert werden. Besonders beeindruckend wird dies im Film „Verdi. Ein Leben in Melodien" (3) dargestellt, in dem die jungen Leute Fahnen in den späteren italienischen Nationalfarben von der Galerie herunterwerfen. Auch die Überlieferung, dass der Gefangenenchor bei der Uraufführung wiederholt wurde, ist historisch nicht belegt. Hier verweise ich auf den Aufsatz von Axel Körner, „Oper, Politik und nationale Bewegung. Mythen um das Werk Giuseppe Verdis", in dem er schreibt: „ Die spätere Identifizierung Verdis mit der nationalen Bewegung und die im Zuge der Ereignisse zunehmend national inspirierte Rezeption seiner Musik bedeuten jedoch nicht, dass die frühen Opern, insbesondere *Nabucco*, bereits Anfang der 1840er-Jahre als Beitrag zur nationalen Befreiung verstanden wurden. Auch bedeutete dies nicht, dass der Komponist schon in der Frühphase des Risorgimento als Fürsprecher der Nationalbewegung gefeiert wurde."(4) Als Integrationsfigur kann er wohl erst nach 1861 und dann in der Retrospektive gelten. „Auch deshalb ist es naheliegend, dass es zu dem berühmten, mit *Nabucco* in Verbindung gebrachten nationalen Erweckungserlebnis erst viel später kam: lange nach der Einigung, im Zuge der Konstruktion nationaler Mythen......... wurde sich Italien des Bedürfnisses nach Ursprungsmythen und damit auch eines *compositore nazionale* bewusst, eines Komponisten, der den kulturellen Anspruch der Nation patriotisch vertreten konnte. Im Zuge dessen wurden Oper und Nationalbewegung immer enger zusammengerückt. Die Anhänger dieser Idee schrieben nicht nur Verdis Biografie entsprechend um, sondern auch die Geschichte des italienischen Musiktheaters im 19. Jahrhundert." (5) Körner führt eine Reihe überzeugender Argumente an, die in sich sicher schlüssig sind, dennoch bleiben einige Fragen offen.

Verdi komponierte 1829 „Lamentazione di Geremia", eine Kantate, der die Klagelieder Jeremias (Threni) zugrunde lagen, die von der Zerstörung Jerusalems und der Verschleppung des Volkes Israel handeln. 1836 brachte der damals nicht unbekannte Auguste Anicet-Bourgeois sein Drama in vier Akten „Nabucodonosor" heraus (6), das Merelli in einer Ballettversion schon 1838 an die Scala brachte.

Temistocle Soleras Libretto fußte auf diesem Drama. Solera war selbst ein bekannter Dichter und Tausendsassa, der natürlich den Text für die Oper zuspitzte. Hierin hatte er auch genug Erfahrung. (7) Das Publikum an der Scala kannte also die Geschichte aus der Ballettversion schon. Hinzu kommen biografische Züge Soleras. Sein Vater träumte von einem geeinten Italien. Er war Mitglied einer Vereinigung, die erste Züge eines republikanischen Italien entwarf, was die Habsburger als Hochverrat ansahen und ihn in Kerkerhaft steckten. In diesen Kreisen spielte Macchiavellis Hauptwerk „Der Fürst (Il Principe)" eine wichtige Rolle. Hiervon war Temistocle zeitlebens geprägt. Machiavelli schrieb im letzten Kapitel von Il Principe „Aufruf, Italien von den Barbaren zu befreien": Wenn ich alles Gesagte bedenke und mich frage, ob in Italien wohl die Zeit für einen neuen Fürsten gekommen ist, ob darin Grund für einen Tüchtigen ist, eine neue

Verfassung einzuführen, die ihm Ruhm und dem ganzen Volk Glück bringen könnte, so wüßte ich nicht, welche Zeit dafür besser geeignet wäre. Ich sagte, es war nötig, daß das israelische Volk in der Knechtschaft der Ägypter lebte, damit Moses seine Tüchtigkeit entfalten konnte, das persische Volk mußte von den Medern unterjocht sein, damit Cyrus seine Seelengröße zeigen konnte, und die Athener mußten zerstreut sein, damit der Wert des Theseus zum Vorschein kommen konnte.

So war es nötig, daß Italien dahin kam, wo es jetzt ist, damit man die Tüchtigkeit des italienischen Geistes erkennen könne. Italien, das schlimmer versklavt ist, als es Israel war, unterwürfiger als die Perser, uneiniger als die Athener, ohne Oberhaupt, ohne Verfassung, besiegt, geplündert, zerfleischt, und jedem Verderben ausgeliefert. Wenn sich bei diesem und jenem ein schwacher Hauch gezeigt hatte, daß man glauben konnte, er sei von Gott zur Rettung Italiens erkoren, so wurde er bald wieder vom Schicksal verstoßen. So verharrt Italien noch immer wie leblos und wartet auf jemanden, der seine Wunden heilt, der den Plünderungen der Lombardei, der Erpressung in Neapel und dem Rauben in der Toskana ein Ende macht, der seine Wunden heilt, die durch die Länge der Zeit schon vereitert sind. Wir sehen, dass Italien zu Gott fleht, daß er ihm einen Menschen schicken möchte, der es von den Verbrechen der Barbaren erlöst. Wir sehen es willig und bereit, einer Fahne zu folgen, wenn es nur jemanden gäbe, der sie ergriffe."(8)

Nabucco als nationaler Mythos der Unabhängigkeit von Habsburg konzentrierte sich wesentlich auf den Gefangenenchor. Auch wenn wir wissen, dass Verdi die Libretti seiner Opern stets sehr sorgfältig studiert hat, stammt der Gefangenenchor als literarische Dichtung wohl von Solera selbst. Im Drama von Anicet-Bourgeois konnte er natürlich nicht vorkommen, auch eine dichterische Interpretation von Psalm 137 fehlt dort. "Va, pensiero…" ist eine originäre, sehr kunstvolle Dichtung Soleras, die den nationalen Charakter des Librettos deutlich unterstreicht und durch ihre geniale Musik später zur heimlichen Nationalhymne des Risorgimento wurde. Mit dem Satz

> *„O mia patria sì bella e perduta!"* *„O mein Vaterland, du schönes, verlorenes!"*

kann ganz sicher nicht die Lombardei innerhalb der Habsburger Monarchie gemeint sein. Richtig ist aber auch, dass es ein Italien, wie es sich 1861 bildete, davor nicht gab. Was Solera mit „o mia patria" gemeint hat, darüber kann man nur spekulieren.

Es ist aber auch wichtig zu betonen, dass es in Psalm 137, der ja als literarische Vorlage diente, keinen Hinweis auf das Vaterland Judäa gibt, auch wenn es in Vers 5f heißt: „Wenn ich dich je vergesse, Jerusalem, dann soll mir die rechte Hand verdorren. Die Zunge soll mir am Gaumen kleben, wenn ich an dich nicht mehr denke, wenn ich Jerusalem nicht zu meiner höchsten Freude erhebe." In diesem wohl nachexilischen Klagepsalm des Volkes, der den Zionsliedern (9) nachgebildet ist, ist jedoch Jerusalem schon längst der irdischen Stadt allein enthoben und in einem Maße als Sehnsuchtsort proklamiert, wie dies später in der Offenbarung des Johannes nach dem Untergang Babylons Offb 18f im neuen Jerusalem Offb 21,9–22,5 zum Ausdruck kommt, ebenso aber auch in dem Wunsch zu Pessach „… nächstes Jahr im wieder aufgebauten Jerusalem". (10)

Was also bedeutet dann „o mia patria si bella e perduta"? Für mich eröffnet sich hier eine Dimension, die über Psalm 137 hinausgeht und die mit der persönlichen Erfahrung von Soleras Vater, die den Sohn sicher wesentlich beeinflusst hat, sowie des in diesen Kreisen gelesenen Machiavelli einen nationalen Impetus aufweist, der die Sehnsucht nach einem eigenen Vaterland, das nicht unter der Zensur der Habsburger und Wiens steht, wach werden lässt, auch wenn zu dieser Zeit vor den europäischen 48-ziger Revolutionen an eine konkrete Ausgestaltung der italienischen Nationalbewegung noch nicht gedacht worden ist.

So verschmolzen wohl die beiden Ebenen „babylonische Gefangenschaft" und „habsburgische Gefangenschaft" bei aller Unterschiedlichkeit in späterer Zeit miteinander. Die Italiener, hier vor allem die Bewohner der Lombardei, schöpften aus dem Schicksal der Judäer und der bei Esra beschriebenen triumphalen Heimkehr (Esra 1,5-2,35) später neue Hoffnung. So kannte das Publikum der Scala die Geschichte der babylonischen Gefangenschaft schon, ehe es Verdis Musik hörte – war aber von der neuen Wendung überrascht und begeistert. Die nationale Identität war durch Solera und Verdi vorgezeichnet. Eine geniale Oper war mit „Nabucco" geboren, auch wenn die Bedeutung als italienische Nationaloper erst später kam.

Vielleicht darauf fußend äußerte sich Verdi in einem Brief vom 21. April 1848 an seinen anderen Librettisten Francesco Maria Piave, der sich gerade freiwillig zum Kriegsdienst gemeldet hatte: „Die Stunde der Befreiung hat geschlagen, dessen sei nur gewiss. Das Volk will sie; und wenn das Volk sie will, dann gibt es keine absolute Macht, die ihm widerstehen könnte..... Du sprichst mir von Musik! Was ist in Dich gefahren?..... Glaubst Du, ich will mich jetzt mit Musik, mit Tönen befassen?..... Es gibt und es darf nur eine den Ohren der Italiener von 1848 angenehme Musik geben: Die Musik der Kanonen!..... Für alles Gold der Welt würde ich keine einzige Note schreiben, und ich würde heftige Gewissensbisse haben, wenn ich Notenpapier vergeudete, das sich so gut zum Kartuschenmachen eignet...... Reichen wir uns alle die Hand, und Italien wird wieder die erste Nation der Welt werden." (11) „In diesem Sinne ist Nabucco – weit über den Chor der Gefangenen hinaus – eine politische Oper, besser: eine Oper, in der die Politik stets präsent ist. .... dass hier die politischen Phänomene von Herrschaft und Opposition, von Macht und Ohnmacht auf drei verschiedenen Ebenen verhandelt werden .... Diese unterschiedlichen Ebenen – sie lassen sich auch als private, religiöse und politische Handlungs- und Entwicklungsebenen voneinander differenzieren – sind im Libretto miteinander verschränkt." (12) Udo Bermbach betont weiterhin, dass das Bekenntnis zur Religion abhängig vom militärischen und politischen Erfolg der jeweils Glaubenden dargestellt wird. Religion fungiert als Instrument politischer Ziele, als Anspruch auf die unbedingte Wahrheit. Religion ist mit Sieg verbunden. Damit kann es auch keine Kompromisse geben. Das zeigt sich dann auch bei Nabucco und Abigail. (13)

„Nabucco", als Kurzform des italienischen „*Nabucodonosor*", ist der italienische Name für Nebukadnezzar.

Im nachfolgenden möchte ich mich auf die Frage konzentrieren, wer denn Nabucco, die Gestalt des Nabucco in dieser Oper ist. Erst wenn deutlich wird, wie der Librettist die Person des Nabucco konzipiert hat, welche historischen Elemente er von wem aufgenommen hat, kann auch die Wirkung Nabuccos auf seine Zeitgenossen und auf alle Menschen bis zum heutigen Tag genauer verstanden werden. Vergleicht man den Text des Librettos mit den Texten des Alten Testaments und den keilschriftlichen Texten aus Babylon, so wird deutlich, dass in dieser Gestalt des Nabucco in der Oper von Verdi mehrere historische Personen zusammenfließen. Wer ist also Nabucco?

Nabucco = Nebukadnezzar II.

Am einfachsten ist die Identifikation Nabuccos mit Nebukadnezzar II. Im Sommer des Jahres 587/86 v.Chr. eroberten die neubabylonischen Truppen unter Nebukadnezzar bzw. ihrem Feldhauptmann Nebusaradan Judäa und Jerusalem. Es war eine Erfolgsgeschichte par excellence. Erst wenige Jahre zuvor, nämlich 612 v.Chr. war es den Neubabyloniern gelungen, die Weltmacht Assyrien zu stürzen und ihre Hauptstadt Ninive zu erobern. Der Sturz dieser Weltmacht führte zu einer Erschütterung des gesamten weltpolitischen Rahmens im Gebiet des fruchtbaren Halbmondes von Mesopotamien bis Ägypten. Einerseits atmeten die unterdrückten Völker auf, dass der Aggressor endlich besiegt war und machten sich Hoffnungen auf eine Stärkung ihrer eigenen Position, andererseits waren diese Hoffnungen aber trügerisch, wie sich schon bald zeigen sollte. Die beiden Weltmächte blieben die Herrscher in Mesopotamien und in Ägypten. Versuche, wie die des judäischen Königs Joschija, in dieses machtpolitische Vakuum zwischen den beiden Großreichen vorzustoßen, um hieraus selbst Gewinn zu schöpfen, scheiterten kläglich, wie wir dies aus dem Alten Testament wissen (2 Kön 23,28-30).

Nur 15 Jahre später stand Nebukadnezzar bereits mit seinen Truppen zum ersten Mal vor Jerusalem. Die judäische Oberschicht wurde deportiert, die Stadt entging aber aufgrund einer hohen Tributzahlung einer Zerstörung. (2 Kön 24,8-16)

In den babylonischen Chroniken lesen wir: „Im 7. Jahre (scil. 598), im Monat Kislew, bot der König von Akkad seine Truppen auf und zog nach dem Hethiterlande. Die Stadt Juda belagerte er. Am 2. Adar eroberte er die Stadt. Den König nahm er gefangen. Einen König nach seinem Herzen setzte er dort ein. *Seinen* schweren Tribut nahm er mit und führte ihn nach Babel." (14)

Doch auch hier war es wieder die politische Fehleinschätzung, die zum totalen Untergang führte. Die letzten judäischen Könige, vor allem Jojachin und Zidkija, setzten auf das falsche Pferd und wandten sich, auch um der Tributzahlungen ledig zu werden, vom neubabylonischen Joch ab, in der Hoffnung, damit einer politischen Unterdrückung zu entkommen. (Jer 27; 43,10 (Ägypten)) Doch diese Hoffnung trog. Umso schlimmer war dann die Reaktion Nebukadnezzars und das Los der Bevölkerung Judäas, und vor allem Jerusalems, wie wir dies im Alten Testament lesen.

In 2 Kön 25,8-21 heißt es:

> 8 „Am siebten Tag des fünften Monats - das ist im neunzehnten Jahr des Königs Nebukadnezzar, des Königs von Babel - rückte Nebusaradan, der Befehlshaber der Leibwache und Diener des Königs von Babel, in Jerusalem ein
> 9 und steckte das Haus des HERRN, den königlichen Palast und alle Häuser Jerusalems in Brand. Jedes große Haus ließ er in Flammen aufgehen.
> 10 Auch die Umfassungsmauern Jerusalems rissen die chaldäischen Truppen, die dem Befehlshaber der Leibwache unterstanden, nieder.
> 11 Den Rest der Bevölkerung, der noch in der Stadt geblieben war, sowie alle, die zum König von Babel übergelaufen waren, und den Rest der Menge schleppte Nebusaradan, der Befehlshaber der Leibwache, in die Verbannung.
> 12 Nur von den armen Leuten im Land ließ der Befehlshaber der Leibwache einen Teil als Wein- und Ackerbauern zurück.

13 Die bronzenen Säulen am Haus des HERRN, die fahrbaren Gestelle und das Eherne Meer beim Haus des HERRN zerschlugen die Chaldäer und nahmen alle Gegenstände aus Bronze mit nach Babel.

14 Auch die Töpfe, Schaufeln, Messer und Becher sowie alle bronzenen Geräte, die man beim Tempeldienst verwendete, nahmen sie weg.

15 Ebenso nahm der Befehlshaber der Leibwache die Kohlenpfannen und die Schalen weg, die sämtlich aus Gold oder aus Silber waren,

16 ferner die zwei Säulen, das eine Meer, die Gestelle, die Salomo für das Haus des HERRN hatte anfertigen lassen - die Bronze von all diesen Geräten war nicht zu wägen.

17 Achtzehn Ellen betrug die Höhe der einen Säule und oben hatte sie ein Kapitell aus Bronze. Die Höhe des einen Kapitells betrug drei Ellen; das Kapitell umgaben Flechtwerk und Granatäpfel, alles aus Bronze. Ebenso war es bei der zweiten Säule auf dem Flechtwerk.

18 Der Befehlshaber der Leibwache nahm ferner den Oberpriester Seraja, den zweiten Priester Zefanja und die drei Schwellenwächter mit.

19 Aus der Stadt nahm er einen Hofbeamten, der Kommandant der Soldaten war, und fünf Leute vom persönlichen Dienst des Königs mit, die sich noch in der Stadt befanden, sowie den Schreiber des Heerführers, der die Bürger des Landes auszuheben hatte, schließlich sechzig Mann von der Bürgerschaft, die sich noch in der Stadt befanden.

20 Nebusaradan, der Befehlshaber der Leibwache, nahm sie fest und schickte sie zum König von Babel nach Ribla.

21 Der König von Babel ließ sie in Ribla in der Landschaft Hamat hinrichten. So wurde Juda von seiner Heimat weggeführt." (15)

Hier spiegelt sich der 1. Akt der Oper „Nabucco" deutlich wider.

Da Nebukadnezzar II. laut 2 Kön 25,20f in Ribla in der Landschaft Hamat weilte (16) und Nebusaradan als Befehlshaber bei der Einnahme Jerusalems erwähnt wird, war der König bei der Eroberung aller Wahrscheinlichkeit nach nicht in Jerusalem. Der Text in „Nabucco" 1. Akt, 7. Szene ist also eine Verdichtung, denn nur, wenn Nebukadnezzar II. dröhnend und siegreich in Jerusalem einzieht, entsteht der notwendige Spannungsbogen. Eine Eroberung durch Nebusaradan als Statthalter und die Deportation der Oberschicht inklusive König Zidkija und seiner Familie ist weit weniger dramatisch als im 1. Akt von Verdis „Nabucco", wo der König zu Pferde an der Schwelle des Tempels erscheint.

> NEBUKADNEZAR:
> „Dem Sieger fallt zu Füßen!
> Bezwungen seid ihr! Sklaven!
> Euren Hochmut sollt ihr büßen.
> Ja, hart will ich bestrafen.
> Ruft euren Gott, vertraut ihm nur,
> Vor Babylons König fürchtet er sich!" (17)

Während es im Alten Testament und im Opernlibretto immer um die Überlegenheit Jahwes gegenüber den babylonischen Göttern und vor allem Marduk geht, geht es dem historischen Nebukadnezzar II. um die Observanz seiner eigenen Götter, aus der er seine großen Siege herleitet. So heißt es im Bericht über seine Baumaßnahmen in Babylon:

> „Nabium-kudurri-usur, der König von Babylon, der ehrfürchtige Fürst, der Günstling des Marduk, der erhabene Stadtfürst (und) Liebling des Nabu, der unermüdliche Statthalter, der Esagila und Ezida versorgt, der seinen Herren Nabu und Marduk untertänig ist und tut, was sie erfreut, der ehrfürchtige Beter, der (in) Herzenstreue Auserlesene der großen

Nabucco = Nebukadnezzar II

Götter, der erste Sohn des Nabu-apla-usur, des Königs von Babylon, bin ich.

Als der große Herr Marduk mich rechtmäßig berief und das Land recht zu leiten, die Menschen zu hüten, zu versorgen die Kultstätten (und) zu erneuern die Heiligtümer mich großartig anwies, da war ich meinem Herrn Marduk ehrfürchtig gehorsam. Seine erhabene Kultstätte (und) ruhmreiche Stadt Babylon (und) ihre großen Mauern Imgur-Enlil und Nimitti-Enlil vollendete ich.

...

Alle meine Taten, die ich auf die Stele geschrieben habe, soll der Wissende lesen und (dabei) an den Ruhm der Götter denken. Die Bauarbeit an den Kultstätten der Götter und Göttinnen, zu der der große Herr Marduk mich beauftragt und das Herz erregt hatte, führte ich ehrfürchtig (und) ununterbrochen zur Vollendung." (18)

Im Parallelbericht in den Chronikbüchern wird die theologische Relevanz deutlicher herausgearbeitet. Hier ist Nebukadnezzar II. ein Werkzeug in der Hand Gottes, um die Schuld der Judäer und ihre Verfehlungen gegenüber Jahwe zu sühnen (so vor allem V. 13-17). In 2 Chr 36 heißt es:

„11 Zidkija war einundzwanzig Jahre alt, als er König wurde. Er regierte elf Jahre in Jerusalem
12 und tat, was böse war in den Augen des HERRN; er beugte sich nicht vor dem Propheten Jeremia, der im Auftrag des HERRN zu ihm sprach.
13 Auch fiel er vom König Nebukadnezzar ab, der ihn bei Gott einen Eid hatte schwören lassen. Er versteifte seinen Nacken, verhärtete sein Herz und kehrte nicht um zum HERRN, dem Gott Israels.
14 Auch alle führenden Männer Judas und die Priester und das Volk begingen viel Untreue. Sie ahmten die Gräueltaten der Völker nach und entweihten das Haus, das der HERR in Jerusalem zu seinem Heiligtum gemacht hatte.3

15 Immer wieder hatte der HERR, der Gott ihrer Väter, sie durch seine Boten gewarnt; denn er hatte Mitleid mit seinem Volk und seiner Wohnung.
16 Sie aber verhöhnten die Boten Gottes, verachteten sein Wort und verspotteten seine Propheten, bis der Zorn des HERRN gegen sein Volk so groß wurde, dass es keine Heilung mehr gab.
17 Der HERR ließ nun den König der Chaldäer gegen sie heranziehen. Dieser tötete ihre jungen Krieger in ihrem Heiligtum mit dem Schwert und verschonte keinen jungen Mann und keine junge Frau, keinen Greis und Betagten; alle gab Gott in seine Hand.
18 Nebukadnezzar ließ die großen und kleinen Geräte des Hauses Gottes, die Tempelschätze und die Schätze des Königs und seiner hohen Beamten insgesamt nach Babel bringen.
19 Die Chaldäer verbrannten das Haus Gottes, rissen die Mauern Jerusalems nieder, legten Feuer an alle seine Paläste und zerstörten alle wertvollen Geräte.
20 Alle, die dem Schwert entgangen waren, führte Nebukadnezzar in die Verbannung nach Babel. Dort mussten sie ihm und seinen Söhnen als Sklaven dienen, bis das Reich der Perser zur Herrschaft kam.
21 Da ging das Wort in Erfüllung, das der HERR durch den Mund Jeremias verkündet hatte. Das Land bekam seine Sabbate ersetzt, es lag brach während der ganzen Zeit der Verwüstung, bis siebzig Jahre voll waren."

Nabucco = Nabonid

Der letzte Herrscher des neubabylonischen Reiches war Nabonid. Vielleicht war er assyrischer Abstammung, auf alle Fälle sah er sich als Verwalter des assyrischen Erbes an. Die von ihm betriebene Wiedereinführung assyrischer Kulte und die Wiederherstellung der alten Tempelheiligtümer führten zu politischen und religiösen Verwerfungen. Vielleicht war dies auch neben der wirtschaftlichen Dezentralisierung ein Grund, warum er 10 Jahre in Tayma, mehr als 1.000 km von Babylon entfernt, weilte. Die babylonischen Texte berichten hierüber. (19) Der König Babylons hebt wiederholt seine Verehrung des Mondgotts Sin von Harran und des Sonnengotts Šamaš hervor. Vermutlich war seine Mutter Priesterin dieses Mondgottes Sin im Tempel von Harran. Er beabsichtigte wohl, Sin zum Reichsgott zu machen. Die Könige Ägyptens und Mediens sowie Herrscher der arabischen Halbinsel kommen zu ihm und huldigen ihm, während Babylon kultisch vernachlässigt wird, denn ohne den König sind die kultischen Handlungen, vor allem zum Neujahrsfest, nicht möglich. Die babylonischen Priester sind natürlich aufs Höchste aufgebracht, denn Marduk ist für sie der Reichsgott und niemand anderes – und das muss mit allen Mitteln verteidigt werden. Eine Hinwendung Nabonids zum judäischen Gott oder zu einem jüdischen Wahrsager wird dagegen in den babylonischen Chroniken nicht erwähnt.

Die Absetzung von Marduk als oberster Gottheit führte schließlich zum Bruch mit der Priesterschaft, die daraufhin wohl mit dem Perserkönig Kyros II. kooperierte und somit das Ende Nabonids und des neubabylonischen Reiches 539 v.Chr. herbeiführte.(20)

In Verdis Oper wird dies dadurch evident, dass Abigail die Marduk Priesterschaft und damit auch den Großteil des Heeres auf ihre Seite bringt – und zwar nicht erst, als Nabucco vom göttlichen Fluch getroffen ist. Auf Nebukadnezzar II. kann dies beim besten Willen nicht zutreffen. Seine Verehrung Marduks ist genauso augenscheinlich wie die Treue des Heeres und die erfolgreiche Militärpolitik.

NABUCCO:
„Hört mich an!.....
Die Götter Babylons sind schändliche Verräter!
Um sie meiner Macht zu entziehen,
Schützten sie die Missetäter!
Judas Volk, kannst du verehren
Deinen Gott, besiegt durch mich?
Laßt Hebräer, euch belehren:
Es lebt nur ein Gott, und der bin ich!"
2. Akt, 8.Szene

Und zu Fenena, seiner Tochter, sagt er wenig später:

„Knie nieder!
Nicht König bin ich, nein,
Ich bin Gott!!"

In der Regieanweisung heißt es dann: Der Donner rollt, ein Blitz trifft des Königs Krone. Nebukadnezzar fühlt mit Entsetzen, dass die Krone durch Wundergewalt ihm entrissen wird, Wahnsinn malt sich in seinen Zügen. Der allgemeinen Verwirrung folgt plötzlich das tiefste Schweigen.

Die Interpretation erfolgt von beiden Seiten natürlich unterschiedlich. Der Hohepriester Zacharias argumentiert: „So straft der Herr des Frevlers Wort." („Il Cielo. Ha punito il vantator!"), während Abigail interpretiert: „Doch Assyriens Ruhm erstrahle künftig unvermindert fort!" („Ma del popolo di Belo non fia spento lo splendor!")

Auf alle Fälle ist Nabonid gescheitert. Die Priester des Marduk haben mit Abigail wieder die Oberhohheit gewonnen, und so heißt es zu Beginn des 3. Aktes vom Chor:

„Stark gleich dem Baal, gekrönt vom Siege, Ist Babyloniens Herrscherin; Weh' Jedem, der sie reizt zum Kriege, Verderben nur ist sein Gewinn. Heil Abigail! Ihr beschieden Ist hohen

Muthes würd'ger Lohn; Beglückt durch Liebe, Ruhm und Frieden Besteigt sie froh Assyriens Thron." (21)

Um auch die letzten Anhänger des Königs zum Abfallen zu bewegen, soll verkündet werden, dass der König im Kampf gefallen sei. Die Macht liegt jetzt ganz allein in den Händen der Marduk Priesterschaft und Abigails – Gegenwehr ist zwecklos.

> OBERPRIESTER und CHOR DER MAGIER:
> „Wir verbreiten falsche Kunde,
> Dass der König fiel im blut'gen Kriege ...
> Deine Treuen, sie ersehnen die heil'ge Stunde,
> Da du, Fürstin, sie führst zum Siege.
> Lenkt das Schicksal des Landes in Ehren!
> Habe Mut!"
>
> ABIGAIL:
> *(zum Obenpriester)*
> „Wohlan, es sei! Tapfer will ich mich bewähren!
> Großer Baal, o steh mir bei!
> Auf des Thrones goldene Stufen
> Steige ich, vom Volk gerufen,
> Nur nach Rache steht mein Sinn.
> Ja, nur der Rache geb ich mich hin.
> Königstöchter soll man sehen
> Zu der niedren Sklavin flehen.
> Ach! Neuer Glanz und Ruhm wird erstrahlen
> Unserem Lande stets zum Gewinn!"
>
> OBERPRIESTER und CHOR:
> „Unsre Rache,
> Baal, entfache,
> Schütze unsre Königin!
> Großer Baal,
> Steh uns bei!"

In der 3. Szene des 3. Aktes heißt es:

> NABUCCO:
> „Nebukadnezar ist nun entehrt!
> Von einer Sklavin beleidigt!
> Vergebens greift meine Hand zum Schwert,
> Das meine Ehre verteidigt!
> Babylons stolzer König ward des Verrates Raub!"
>
> ABIGAIL:
> „O heißersehnte Stunde des
> Ruhms und der höchsten Ehr!
> Verloren ist der Vater, jedoch der Königsthron, er gilt mir mehr!
> Die Großen, sogar der König selbst, sie alle fallen vor der Sklavin in den Staub!"

Der Verrat des Nabucco an den babylonischen Göttern hat zu seinem Machtverlust geführt. Er ist nur noch ein Schatten seiner einstigen Königsmacht. Verhöhnt und verlacht ist er zu einem Greis degradiert worden. (22) Abigail hat den Vater verloren, dafür aber den Thron erkämpft.

Bei der historischen Betrachtung dieses letzten Herrschers des Neubabylonischen Reiches wird man keine objektive Geschichtsschreibung finden. Die Vielzahl der antiken griechischen Historiker charakterisieren Nabonid sehr negativ. Nach Xenophon, Die Kyrupädie (23) war der letzte Herrscher Babylons, dessen Namen er nicht nennt, ein gottloser Regent. Dabei muss man jedoch beachten, dass Xenophon hier den Perserkönig verherrlicht und auf dieser Folie Nabonid negativ erscheinen muss. Als historische Quelle kann sie nicht herangezogen werden.

Nur die Fragmente der babylonischen Geschichte des Berossos erzählen einigermaßen übereinstimmend mit der Nabonid-Chronik die persische Eroberung Babylons, wobei man auch hier bedenken muss, dass Berossos, der wohl im ausgehenden 4. bzw. frühen 3. Jahrhundert v.Chr. lebte, babylonischer Priester des Bel-Marduk war und von daher Nabonid kaum gewogen gewesen sein dürfte. (24)

Hilfreicher in diesem Zusammenhang ist das Gebet des Nabonid, das in Höhle 4 in Qumran gefunden wurde.

4Q242 Frg. 1 + 2 (fett)
„(1) Worte des Ge[be]ts, welches Nabonaj gebetet hat, König des L[andes von Ba]**bel, der [Groß]könig,** [als er geschlagen war] (2) mit der bösen Entzündung auf Geheiß des [Höchst]en Got[ttes] **in Teman.** [„Ich, Nabonaj, bin mit der bösen Entzündung] (3) geschlagen worden für sieben Jahre und.[......] war i[ch] **gleich (/gesetzt)** --] (4) meine Vergehen (?), ließ ihm einen Wahrsager und de[r (war) ein j]**üdischer [Mann] vo**[n --] (5) Gib bekannt und schreib, um Ehre zu erweisen und .[.....]. **dem Namen des** [Höchsten] G[ottes --] (6) Geschlagen war ich mit der b[ösen] Entzündung [......] **in Teman** [--] (7) sieben Jahre habe [ich] gebetet [vor allen] **Göttern von Silber und Gold**[--] (8) Holz, Stein, Ton, denn [ich war der Mein]**ung, daß sie Götter** [waren]" (25)

Nabonid lässt uns wissen, dass er sieben Jahre lang von einem Geschwür geplagt wurde. Schließlich erhört der Höchste aller Götter sein Gebet und heilt ihn. Daraufhin kommt einer der Exilierten zu Nabonid und sagt ihm, er solle dies schriftlich niederlegen, um damit Gott zu verherrlichen, der ihm seine Sünden vergeben hat. Nabonid tut dies und beschreibt auch, wie er vergeblich andere Gottheiten aus Metall und Holz gepriesen hat. Sie konnten ihm nicht helfen.

Interessant ist die Parallele zum biblischen Buch Daniel. In Dan 4,31-34 heißt es:

„31 Als die Zeit verstrichen war, erhob ich, Nebukadnezzar, meine Augen zum Himmel und mein Verstand kehrte zurück. Da pries ich den Höchsten; ich lobte und verherrlichte den, der ewig lebt. Ja, seine Herrschaft ist eine ewige Herrschaft; sein Reich überdauert alle Generationen.

> 32 Alle Bewohner der Erde gelten vor ihm wie nichts. Er macht mit dem Heer des Himmels und mit den Bewohnern der Erde, was er will. Es gibt niemand, der seiner Hand wehren und zu ihm sagen dürfte: Was tust du da?
> 33 Zu derselben Zeit kehrte mein Verstand zurück und ich erhielt zum Ruhm meines Königtums auch meine Herrlichkeit und meinen königlichen Glanz zurück. Meine Räte und Großen suchten mich auf; man setzte mich wieder in meine Herrschaft ein und meine Macht wurde noch größer.
> 34 Ich, Nebukadnezzar, lobe, preise und rühme nun den König des Himmels. Denn alle seine Taten sind vortrefflich und seine Wege gerecht. Die Menschen, die in stolzer Höhe dahinschreiten, kann er erniedrigen."

Das Buch Daniel stellt damit eine wichtige literarische Quelle dar. Richtigerweise wird dieses biblische Buch unter den „Schriften" (Ketuvim) geführt, will also weder prophetisch noch historisch sein.

Im Dan 3,28-4,34 finden wir eine Erzählung, die dem Gebet Nabonids sehr ähnlich ist. Es wird ein babylonischer König erwähnt, der einer Krankheit verfällt. Die „sieben Jahre" im Gebet entsprechen den „sieben Zeiten" bei Daniel (Dan 4,13.29). Während im Gebet des Nabonid ein Judäer die Deutung übernimmt, ist es im biblischen Buch Daniel selbst (Dan 4,16). Laut Dan 4,1 ist hier der Herrscher Nebukadnezzar II., was jedoch schon seit Beginn der historisch-kritischen Exegese infrage gestellt wurde, vor allem, weil Belschazzar in Dan 6 zwar als Sohn Nebukadnezzars II. genannt wird, in Wirklichkeit aber Nabonids Sohn war. Es spricht also vieles dafür, dass auch Dan 3f von Nabonid erzählt. Ob der Qumran-Text vom biblischen Daniel Buch abhängig ist oder umgekehrt, oder ob beide Texte auf eine gemeinsame Tradition zurückgehen, die von Nabonid handelt, ist für unsere Betrachtung weniger wichtig.

Nabucco bei Verdi ist in einer ähnlich existentiellen Situation. Zu Beginn des 4. Aktes deutet nichts auf eine religiöse Umkehr des Königs hin. In einem der Gemächer auf der Königsburg wird er aus einem Alptraum gerissen. Er hört den Kriegsruf und will zu den Waffen greifen, um Jerusalem erneut zu erobern. Aber nein, als er den Namen seiner geliebten Tochter Fenena hört, merkt er, ans Fenster tretend und seine Tochter in Fesseln erblickend, dass die Judäer zur Hinrichtung geführt werden sollen. Auch bemerkt er, dass seine Tür verschlossen, er also gefangen ist. Erst in diesem Moment bittet er den Gott Israels um Vergebung.

„Dio degli Ebrei, perdono!"

Dann folgt die erhabendste und bewegendste Arie der gesamten Oper. Jeder Bariton, der den Nabucco singt, wird an dieser Arie gemessen. Es ist der vollendete Tun-Ergehen-Zusammenhang, wie man ihn sich nur vorstellen kann. (26) Wenn auch das Alte Testament einige der großen Herrscher der antiken Zeit als Werkzeuge bzw. Knechte Gottes ansieht, die den Willen Gottes erfüllen, so wird dies hier umgekehrt dargestellt. Warum soll sich einer der größten Herrscher seiner Zeit zu einem Glauben bekennen, der im gesamten Reich kaum eine Rolle spielt?

„Dio di Giuda! l'ara e il tempio
A te sacri, a te sacri, sorgeranno
Deh mi togli, mi togli a tanto affanno,
deh mi togli a tanto affanno
E i miei riti, e i miei riti struggerò.
Tu m'ascolti. Già dell'empio
Rischiarata è l'egra mente! ah
Dio verace, onnipossente
Adorarti, adorarti ognor saprò,

adorarti ognor saprò,
adorarti ognor saprò."

NABUCCO:
(eilt der Tür zu und findet sie verschlossen)
„Neu will ich bauen Dir, Jehova, den Altar!
Lass mich vertrauen
Dir, der stets dem Sünder gnädig war!
Meine Seele ich dir, o Herr, befehle,
Dich zum Führer ich erwähle,
Und deiner Lehre, der wahren, wende ich mich zu!
Schon erhellt mich deine Gnade,
Führt mich Frevler zum rechten Pfade.
Ah! Deine heil'ge Bundeslade
Ich verehre!
Du allein schenkst der Seele Ruh!" (27)

Die Situation hat sich völlig gewandelt. Aus dem Herrscher über die ganze Welt war ein geistig umnachteter Machtloser geworden. Indem sich der Nabucco Verdis JHWH unterworfen und Baal sowie seine Priesterschaft vernichtet hat, hat er die alte Macht in neuer Weise zurückbekommen. Der mächtigste Mensch der damaligen Zeit will im Staub liegend den Gott eines kleinen Volkes verehren, ihn anbeten und seine Macht preisen. Das ist die Umwertung aller Werte. Ist sie es wirklich?

Für die Israeliten ist ihr Gott zugleich der Schöpfer und Herrscher der ganzen Welt. Der weltliche Herrscher Nabucco hat seine Weltmacht zurück erhalten. Er ist jetzt im alttestamentlichen Verständnis Gottes Knecht (עֶבֶד יְהוָה <æbæd jahwe), der seine Befehle ausführt, zugleich aber unumschränkter weltlicher Herrscher ist.(28) Frei und unabhängig allen Menschen gegenüber, Gott allein zu gehorchen, das ist das neue Credo Nabuccos – und 2.000 Jahre später die neue babylonische Gefangenschaft eines Christenmenschen namens Martin Luther.(29)

Weil sein Traumdeuter ihn darauf hinweist: „Man wird dich aus der Menschheit ausstoßen und du musst bei den Tieren des Feldes leben. Und Grünzeug wie den Stieren werden sie dir zu fressen geben und mit dem Tau des Himmels werden sie dich benetzen und sieben Zeiten werden über dich dahingehen, bis du erkennst, dass der Höchste über die Herrschaft bei den Menschen gebietet und sie verleiht, wem er will." (Dan 4,22), wird Nabonid einsichtig.

Die Bibel ist keine Sammlung historischer Tatsachenberichte. Sie will Menschen zum Vertrauen auf Gott bringen, indem sie ihnen vor Augen führt, dass auch der größte Herrscher, der sich selbst als Gott sieht, keinen Erfolg haben kann, wenn Gott der Herr ihm diesen nicht verleiht. In dieser Erkenntnis begeht Nabonid/Nabucco Buße, indem er sich um 180° wendet und sich zu dem bekennt, der mächtiger als er selbst ist.

Dan 2,31-35 erzählt vom Koloss auf tönernen Füßen und Dan 3,1-7 von einem goldenen Standbild, das von jedem Bewohner des großen Reiches verehrt werden musste.

> „31 Du, König, hattest eine Vision: Du sahst ein gewaltiges Standbild. Es war groß und von außergewöhnlichem Glanz; es stand vor dir und war furchtbar anzusehen.
> 32 An diesem Standbild war das Haupt aus reinem Gold; Brust und Arme waren aus Silber, Rumpf und Hüften aus Bronze.
> 33 Die Beine waren aus Eisen, die Füße aber zum Teil aus Eisen, zum Teil aus Ton.
> 34 Du sahst, wie ohne Zutun von Menschenhand sich ein Stein von einem Berg löste, gegen die eisernen und tönernen Füße des Standbildes schlug und sie zermalmte.

35 Da wurden Eisen und Ton, Bronze, Silber und Gold mit einem Mal zu Staub. Sie wurden wie Spreu auf dem Dreschplatz im Sommer. Der Wind trug sie fort und keine Spur war mehr von ihnen zu finden. Der Stein aber, der das Standbild getroffen hatte, wurde zu einem großen Berg und erfüllte die ganze Erde."

Bei Nabucco heißt es im 4. Akt 4. Szene:

NABUCCO:
Halt, ihr Verräter! Schlaget in
Stücke den Unheilsgötzen, vernichtet Baal!
(Das Götzenbild stürzt plötzlich in sich selbst zusammen.)

ALLE:
Ein Zeichen Gottes!

Wie das gewaltige Standbild in Dan 2,31-33 stürzt auch dieses Götzenbild in sich zusammen (Parallele zu Dan 2,35). Die Macht der Götter ist gebrochen.

Nabucco = Kyros II.

539 v.Chr. endet das neubabylonische Reich. Nabonid, der letzte Herrscher, wird gestürzt. Kyros II. übernimmt die Macht. Er wird als ein toleranter Herrscher dargestellt, der weitgehend Religionsfreiheit zulässt und den Judäern die Rückkehr nach Israel und Jerusalem erlaubt. (30) Aischylos schildert in seinem Werk „Die Perser" Kyros II. als einen positiven Herrscher par excellence, und auch Xenophon umrankt den friedliebenden Herrscher in seinem Werk „Die

Nabucco = Kyros II   41

Kyrupädie", in der er in acht Bänden die Erziehung eines idealen Herrschers schildert.

So heißt es auch folgerichtig im alttestamentlichen Buch Esra, in Kapitel 1:

Erlaubnis zur Heimkehr und zum Tempelbau
„1 Im ersten Jahr des Königs Kyrus von Persien sollte sich erfüllen, was der HERR durch Jeremia gesprochen hatte. Darum erweckte der HERR den Geist des Königs Kyrus von Persien und Kyrus ließ in seinem ganzen Reich mündlich und schriftlich den Befehl verkünden:
2 So spricht Kyrus, der König von Persien: Der HERR, der Gott des Himmels, hat mir alle Reiche der Erde verliehen. Er selbst hat mir aufgetragen, ihm in Jerusalem in Juda ein Haus zu bauen.
3 Jeder unter euch, der zu seinem Volk gehört - sein Gott sei mit ihm - , der soll hinaufziehen nach Jerusalem in Juda und das Haus des HERRN, des Gottes Israels, aufbauen; denn er ist der Gott, der in Jerusalem wohnt.
4 Und jeden, der irgendwo übrig geblieben ist, sollen die Leute des Ortes, in dem er ansässig war, unterstützen mit Silber und Gold, mit beweglicher Habe und Vieh, neben den freiwilligen Gaben für das Haus Gottes in Jerusalem.
5 Die Familienoberhäupter von Juda und Benjamin sowie die Priester und Leviten, kurz alle, deren Geist Gott erweckte, machten sich auf den Weg, um hinaufzuziehen und das Haus des HERRN in Jerusalem zu bauen.
6 Alle ihre Nachbarn unterstützten sie mit Silbergeräten, mit Gold, mit beweglicher Habe und mit Vieh sowie mit wertvollen Dingen, abgesehen von dem, was jeder für den Tempel spendete.
7 König Kyrus gab auch die Geräte des Hauses des HERRN zurück, die Nebukadnezzar aus Jerusalem weggeschleppt und in das Haus seines Gottes gebracht hatte.

8 König Kyrus von Persien übergab sie dem Schatzmeister Mitredat und dieser zählte sie Scheschbazzar, dem Oberen von Juda, vor.
9 Das war ihre Zahl: 30 goldene Opferschalen, 1 000 silberne Opferschalen, 29 Räucherpfannen;
10 30 goldene Becher, daneben 410 silberne Becher, 1 000 sonstige Geräte.
11 Insgesamt waren es 5 400 Geräte aus Gold und Silber. All das brachte Scheschbazzar mit, als er mit den Verschleppten von Babel nach Jerusalem zurückkehrte."

Das Edikt des Kyros und das überaus positive Bild, das das Altes Testament von Kyros II. zeichnet, wird von Solera und Verdi damit auf Nabucco übertragen. Nebukadnezar II. stirbt 562 v.Chr., das Kyros Edikt wird auf ca. 530 v.Chr. datiert. Wie in der Oper üblich und notwendig, werden historische Ereignisse komprimiert, um den Spannungsbogen zu erhöhen. Damit entsteht ein positives Bild von Nabucco als dem geläuterten Herrscher, der von Gott im letzten Moment auf die rechte Bahn geführt wurde.

Udo Bermbach betrachtet dies mehr auf der politikwissenschaftlichen Ebene, wenn er schreibt: „Doch Nabuccos Verhalten lässt sich auch anders deuten: als Wechsel der Legitimationsgrundlage seiner Herrschaft, um eben diese Herrschaft zu retten, weil sich mit der Hinwendung zu Jehova der alte Machtanspruch auf eine neue religiöse Basis stellen lässt. Ja, sogar sich noch erweitert, denn die den Hebräern gegebene Erlaubnis, frei nach Hause an den Jordan zu ziehen, verpflichtet diese den zur Wahrheit bekehrten Herrscher zur Dankbarkeit. Nabucco hat damit, so darf man vermuten, für die Zukunft Verbündete gewonnen. Religionen sind eben für die Mächtigen austauschbar – cuius regio, eius religio (wessen die Herrschaft, dessen die Religion) –, sie sind – so zeigt es Verdi – Instrumente der Herrschaft und insoweit alle gleich „wahr"." (31) Natürlich wird dies dem emphatischen Nabucco Verdis nicht gerecht, wohl aber dem politischen und religiösen Kalkül des Kyros. Bermbach hat hier auf einen Punkt hingewiesen, der weit über Verdis Oper hinausgeht und eine ganz neue politische Dimension eröffnet.

In der Oper „Nabucco" heißt es im 4. Akt, in der 4. Szene:

> NABUCCO:
> „Kehrt heim zu Jordans Ufern,
> Kinder Israels,
> Ihr sollt euch der Heimat erfreun!
> Ein neuer Tempelbau sei eurem Gott geweiht,
> Denn er nur ist mächtig,
> Allgütig ist er allein!
> Des Frevlers Sinn
> Strafte er mit dunkler Macht,
> Dem reu'gen Sünder
> Gab er die Ruh!"

Wenn wir uns der Frage nach der Beziehung von Verdis „Nabucco" zum Alten Testament stellen, sollte ein Aspekt dieser Oper noch etwas ausführlicher beleuchtet werden, der sonst kaum eine Rolle spielt.

Es ist bemerkenswert, dass jedem der vier Akte dieser Oper ein Spruch aus dem Buch des Propheten Jeremia vorangestellt ist, der einer der Hauptverfechter der probabylonischen Politik am Hofe Zidkijas war, der aber der Fraktion, die für eine Aufkündigung des Vasallenverhältnisses war, unterlag. (32)

„Darum – so spricht der Herr: Ich gebe diese Stadt in die Hand der Chaldäer und in die Hand Nebukadnezzars, des Königs von Babel, und er wird sie einnehmen." (Jer 32,28) Diese Klage Jeremias blickt bereits auf die Geschichte zurück. Die Abkehr von Gott begründet die Bestrafung Judas.

Nebukadnezzar, der König des neubabylonischen Reiches, wird hier als Werkzeug Gottes gesehen. Ganz bewusst wird damit ein Bogen von der prophetischen Verkündigung zum historischen Ereignis geschlagen. Es wird kein Textabschnitt aus dem historischen Bericht 2 Kön 25 genommen, der quasi als Überschrift über dem dann entfalteten Geschehen des 1. Aktes steht, sondern eine prophetische Ankündigung des nun folgenden Geschehens, die aber im Rahmen der Heilsworte Jer 30-35 bereits über die Zerstörung Jerusalems und des Tempels hinausweist und den Handlungsbogen der Oper vom 1. zum 4. Akt spannt.

Dem 2. Akt vorangestellt ist Jer 23,19: „Hört, der Sturm des Herrn (Sein Grimm) bricht los. Ein Wirbelsturm braust hinweg über die Köpfe der Frevler." Dieser Vers stammt aus dem Textkomplex der Worte an die Führenden Jer 21-24. Es ist ein Aufstehen gegen die falschen Propheten. Die Propheten Jerusalems sind schlimmer als die Baalspropheten (V. 13f) Es ist bei Solera/Verdi der Akt, in dem Abigail mit Hilfe der Baalspriester die Macht an sich zu reißen sucht und in der Nabucco sich die Krone selbst aufs Haupt setzt und sich zum Gott erklärt, vor dem alle ihre Knie beugen müssen, auch die eigene Tochter Fenena. In der Tat, diejenigen, die meinen, aus einer vermeintlichen politischen Instabilität eigenen Profit zu ziehen und im globalen Machtspiel zwischen Mesopotamien und Ägypten eine eigenständige Rolle zu spielen, werden angesichts der politischen Machtspiele im Königshaus Babylons an die Wand gedrückt und zu einer Statistenrolle verdammt, in der man lediglich Ismael zur vermeintlichen Rechenschaft ziehen kann.

„Doch ihr Erlöser ist stark, Herr der Heere ist sein Name. Er führt ihre Sache mit Kraft, um der Erde Ruhe zu schaffen, Unruhe aber Babels Bewohnern" (Jer 50,34)

Der 3. Akt, über dem dieser Spruch aus dem Jeremiabuch steht, ist zunächst von den innerbabylonischen Machtkämpfen Abigails mit Nabucco in der prächtigen Kulisse der Hängenden Gärten der Semiramis vor einem riesigen Standbild des Baal geprägt, an dessen Ende Nabucco das Todesurteil für die Judäer unterschreibt.

> Dann folgt der Gefangenenchor, an dessen Ende der Hohepriester Zacharias das Ende Babylons prophezeit.
> „Hört, was Gott euch verkündet durch mich!
> Judas Volk soll sich tapfer jetzt wehren.
> Aus der Not, aus der Schmach wird der Herr es erretten!
> Bald zerbrochen sind unwürd'ge Ketten,
> Wie ein mutiger Löwe wehrt sich Israel" (3. Akt, 5. Szene)

Die große Schlussbetrachtung Jer 50,1 – 51,64 wendet sich an Babylon. Das neubabylonische Reich ist durch ein Volk aus dem Norden gefallen. Der König von Babylon ist mutlos. Er taumelt. Babel war einst ein goldener Becher, der die gesamte Erde berauschte, nun zerbricht er. Gott hat sich eines neuen Werkzeugs, eines neuen Königs bedient. Was immer im 3. Akt passiert, es ist der Anfang vom Ende. Der Streit um die Krone führt zur maßlosen Überhebung, die Spaltung des Hofes zu dessen Schwächung. Den Nutzen hieraus können aber die Judäer nicht selbst ziehen. Der Gefangenenchor bzw. Ps 137 zeigen deutlich, wie schwach sie sind. Nur Gott allein, das sagt auch Zacharias, kann das Schicksal zum Guten wenden. Und damit greift er indirekt Jer 50,34 auf. So schlagen Solera/Verdi den Bogen vom Ende zum Anfang des 3. Aktes.

Der 4. Akt schließlich ist mit Jer 50,2b überschrieben: „Erobert ist Babel, zuschanden ist Bel, zerschmettert Merodach (zuschanden sind seine Götterbilder, zerschmettert seine Götzen)." Historisch gesehen war es der Perser Kyros II., der den letzten neubabylonischen Herrscher Nabonid besiegte und damit dessen Reich auslöschte. Im Jeremiabuch wird das Ende des Exils verkündet, und die Söhne Israels und Judas können nun gemeinsam weinend ihren Weg nach Zion gehen, um dort mit Gott einen „ewigen, unvergesslichen Bund" zu schließen (Jer 50,4f). Bei „Nabucco" ist es der König selbst. Durch seine Bekehrung und Verehrung Jahwes beseitigt er selbst den Götzendienst und die Statue Baals. Gott hat sein Volk gerettet, aber nicht, indem ein neuer Weltenherrscher den alten besiegt hat, sondern indem der allumfassende Weltenherrscher Nabucco (Nebukadnezzar, Nabonid und Kyros II. in einem) durch die wahre Erkenntnis des einzigen Gottes zum alleinigen Werkzeug Gottes geworden ist.

Wer ist also Nabucco?

Eine Idealgestalt als Befreier zu allen Zeiten, im 6. Jahrhundert v.Chr. genauso wie im 19. Jahrhundert n.Chr., ein Herrscher, der als Knecht Jahwes, als Werkzeug Gottes, die Sünden der Menschen straft und sie zugleich aus Not errettet, aber nicht aus eigener Machtvollkommenheit, sondern durch eine gottgewirkte Wandlung, verdichtet in dieser Person des Nabucco, was historisch für die drei hinter Nabucco stehenden Herrscher nicht nachweisbar ist, aber durch die schon in damaligen Zeiten erfolgte narrative Komprimierung geprägt wurde. Va, pensiero, sull'ali dorate.....

Ich gehe nicht davon aus, dass Anicet-Bourgeois oder Solera bzw. Verdi diese Problematik reflektiert haben. So wäre z.B. auch die Hermeneutik dieser alttestamentlichen Texte in der katholischen Theologie Italiens der ersten Hälfte des 19. Jahrhunderts zu untersuchen. Es wäre auch zu fragen, inwieweit die Werke Giovanni Battista Niccolinis und Allesandro Manzonis Einfluss auf Solera und Verdi hatten.

Wer ist also Nabucco? 47

Doch dies bleibt einer eigenen Untersuchung vorbehalten. Für Verdi war entscheidend, dass der Text dieses Librettos aus der Bibel stammte. „Ich durchflog die folgenden Verse und wurde umso tiefer von denselben ergriffen, als dieselben fast eine Paraphrase der Bibel bildeten, an der mein Herz stets mit warmer Begeisterung hing." An der Oper „Nabucco" selbst ändern meine Betrachtungen nichts. Es ist aber interessant zu sehen, welche Vielschichtigkeit dieses Libretto aufzeigt und welche dramaturgischen Erkenntnisse hieraus gewonnen werden können. Nabucco = Nebukadnezzar II. = Nabonid = Kyros II. Drei historische Persönlichkeiten in einer, gespiegelt am Alten Testament und an Texten und Ereignissen der Umwelt des Alten Testaments – dies ermöglicht eine neue Tiefendimension des Nabucco und der anderen Hauptpersonen, dies ermöglicht aber auch ganz neue Interpretationsräume für künftige Inszenierungen.

Und last but not least zeigen meine Betrachtungen auch, wie alttestamentliche Texte nach zweieinhalb Jahrtausenden in unserer heutigen Zeit an Relevanz gewinnen. Da diese Aspekte ein wesentlicher Bestandteil des beruflichen Lebens von Herrn Prof. Uecker sind, grüße ich ihn mit diesem Aufsatz ganz besonders.

Anmerkungen

1. Mit diesem Aufsatz grüße ich Herrn Prof. Gerd Uecker sehr herzlich. Seine Verdienste als Musikpädagoge, als Operndirektor der Bayerischen Staatsoper und als Vorsitzender vieler internationaler Wettbewerbe sind unbestritten. Ich habe ihn in seiner Tätigkeit als Intendanten der Sächsischen Staatsoper Dresden kennengelernt. In schwierigen Jahren von 2003-2010 leitete er die Semperoper. In diese Zeit fielen Umbrüche der verschiedensten Art. Die Intendanz von Prof. Gerd Uecker an der Semperoper Dresden war für mich vor allem durch drei Begriffe geprägt: Erfolg, Mut und neue Wege. S. Matthias Augustin, Semper idem?, in: Stiftung zur Förderung der Semperoper (Hrsg.): *Beständig ist nur der Wandel: Über-Regionale Ermunterungen aus der Semperoper - Intendanz Gerd Uecker 2003-2010*, Dresden Buch, Dresden 2010, 316–320.
2. Arthur Pougin, Verdi. Sein Leben und seine Werke, Leipzig 1887, S. 54–57 (die altertümliche Schreibweise ist in die heutige überführt). Mit diesem ausführlichen Zitat möchte ich nicht die Historizität des Textes behaupten. Es ist sehr wahrscheinlich, dass hier die musikalische Mythenbildung des Ursprungs der Nationalbewegung Italiens schon begonnen hat. Das ändert aber nichts an der Bedeutung der Oper „Nabucco" für die italienische Nationalbewegung, wenn auch erst zur Zeit nach der Proklamation des Königreichs Italien 1861.
3. „Giuseppe Verdi. Ein Leben in Melodien", Italien 1954 unter der Regie von Raffaello Matarazzo. Ein sehr sehenswerter Film, der zwar stark legendarische Züge

hat, ebenso aber auch zahlreiche seltene Filmausschnitte von Verdi Opern.
4. Axel Körner, „Oper, Politik und nationale Bewegung. Mythen um das Werk Giuseppe Verdis", in: Themenportal Europäische Geschichte 2013, www.europa.clio-online.de/essay/id/fdae-1631, S. 4 Immerhin ist zu bedenken, dass Verdi diese Oper „Nabucco" der Ehefrau des habsburgischen Vizekönigs gewidmet hat.
5. Axel Körner, aaO S. 5
6. Eine Digitalisierung dieses Werkes der Bayerischen StaatsBibliothek findet man unter https://reader.digitale-sammlungen.de/de/fs1/object/display/bsb10056305_00001.html
7. Für Verdi hatte er bereits das Libretto zu „Oberto" 1839 geschrieben.
8. Niccolo Macchiavelli, Der Fürst (Il Principe). Nach der Übersetzung von Gottlob Regis bearbeitet, eingeleitet und mit Anmerkungen versehen von Klaus Bock, Essen 2004, S. 127f
9. Zu den Zionsliedern werden Ps 46; 48; 76; 84 und 87 gerechnet.
10. Mit diesem Wunsch endet der Seder Abend des Pessach Festes. Auch hier geht es nicht darum, in 365 Tagen in der Hauptstadt des heutigen Staates Israel zu sein, sondern in einer Stadt des Friedens (`ir schalom; DIE Stadt des Friedens als freie Ableitung von Jerusalem).
11. Udo Bermbach, „Oh, mia patria si bella e perduta". Über Macht und Ohnmacht in Verdis „*Nabucco*", Programmheft der Hamburgischen Staatsoper zur Premiere am 25. Januar 2004, S. 4 – 11. Bermbach weist aber zu Recht darauf hin, dass Verdi niemals zuvor und niemals danach so politisch radikal formuliert hat und dass er bereits wenige Monate später, als die italienischen

Anmerkungen 51

Aufstände gescheitert und Venetien und die Lombardei wieder unter die Habsburger Herrschaft geknechtet wurden, Ernüchterung bei ihm eintrat und er bereits im August 1848 an Clarina Maffei schrieb, dass er nichts von Politik verstehe. Auch äußerte er sich dahingehend, dass er Politik nicht liebe und die „Dummheit" der Staatsmänner verachte. Bermbach, aaO 5.
12. Udo Bermbach, aaO S. 7
13. Udo Bermbach, aaO S. 8f. „Es ist die Addition der Motive, die Abigail zu einer so starken Person werden lässt, sie über Strecken der Oper zur beherrschenden Protagonistin der Szene macht, zugleich auch zu einer äußerst komplexen Figur. Umso dramatischer erscheint am Ende ihr Sturz, durch den sie gleich mehrere Ziele verfehlt." (S.9f)
14. Texte aus der Umwelt des Alten Testaments TUAT, herausgegeben von Otto Kaiser, Band I, Lieferung 4, Gütersloh 1984, S. 403f
15. Die Zitation der Bibel erfolgt nach der Einheitsübersetzung von 2016.
16. Für Ribla gibt es einen sachlich gut begründeten Vorschlag: Tell Zarra' im mittleren Orontestal in Nordwestsyrien, wo sich der Name sogar erhalten hat (Er-Rable). Ribla gehörte zum syrischen Königtum Hamat. S. Ullrich Hübner, Neues Bibel-Lexikon, Band III, Düsseldorf und Zürich 2001, S.355f.
17. Die Zitation erfolgt nach der deutschen Übertragung von Leo Schottlaender, wiedergegeben bei Kurt Pahlen, Giuseppe Verdi. Nabucco. Textbuch (Italienisch – Deutsch). Einführung und Kommentar von Kurt Pahlen unter Mitarbeit von Rosmarie König, Opern der Welt, 7. Auflage, Mainz 2001, hier 1. Akt Finale, S. 47.

18. Bericht über Baumaßnahmen Nebukadnezzars II. in Babylon Kol. I, 1-18 und Kol. II, 49 – Kol. III, 4, zitiert nach Texte aus der Umwelt des Alten Testaments TUAT, herausgegeben von Otto Kaiser, TUAT Ergänzungsband, Gütersloh 2001, S. 13, 15. Vgl. auch die Inschrift auf dem Tempelturm Nabus in Borsippa Kol. II,16-31:

„Nabu, rechtmäßiger Erbe, erlauchter Wesir, sieghafter Liebling Marduks,
sieh meine Werke in Gnaden freudig an,
schenke mir immerwährendes Leben, Sättigung mit hohem Alter,
Festigkeit des Thrones, langdauernde Regierung, Niederwerfung der Feinde
Und Eroberung des Feindlandes!
Auf Deiner zuverlässigen Tafel, die da festlegt die Grenzen von Himmel und Erde,
Sprich aus, dass meine Tage lange währen mögen, und schreibe hohes Alter für mich auf!
Vor Marduk, dem König Himmels und der Erden,
Deinem leiblichen Vater, laß meine Werke wohlgefällig sein, sprich zu meinen Gunsten!
‚Nebukadnezzar ist wahrlich ein König, der reich ausstattet!' – So möge es aus Deinem Munde heißen!"

Religionsgeschichtliches Textbuch zum Alten Testament, herausgegeben von Walter Beyerlin, ATD Ergänzungsreihe 1, Göttingen 1975, S. 139f

19. Nabonid läßt den Tempel des Sin in Echulchul (TUAT II, S. 493–496) und den Tempel des Schamasch Ebarra in Sippar (TUAT Ergänzungslieferung S. 16f) wieder aufbauen, eine klare Provokation gegen Marduk. „Die Verehrung Marduks, des Königs der Götter, tilgte er in seinem Gemüt." Kyros Zylinder TUAT I,4 S. 408) Ja,

mehr noch, Nabonid befiehlt, eine goldene Krone für Schamasch zu fertigen (TUAT Ergänzungslieferung S. 17–20).
20. So ist es nicht verwunderlich, dass die Marduk Priesterschaft in Babylon, die sich von Nabonid entmachtet fühlte, wohl den persischen König Kyros II. zu Hilfe gerufen hat. So heißt es auf dem Kyros Zylinder, der in Babylon gefunden wurde: „14 Marduk, der große Herr, der seine Leute pflegt, blickte freudig auf seine guten Taten und sein gerechtes Herz. 15 Er befahl ihm, nach seiner Stadt Babel zu gehen, und er ließ ihn den Weg nach Babel einschlagen. Gleich einem Freunde und Genossen ging er an seiner Seite. 16 Seine umfangreichen Truppen, deren Zahl gleich dem Wasser eines Flusses unermesslich war, marschierten waffengerüstet an seiner Seite. 17 Ohne Kampf und Schlacht ließ er ihn in seine Stadt Babel einziehen. Babel rettete er aus der Bedrängnis. Nabonid, den König, der ihn nicht verehrte, überantwortete er ihm. 18 Die Einwohner von Babel insgesamt, das ganze Land Sumer und Akkad, Fürsten und Statthalter knieten vor ihm nieder, küssten seine Füße, freuten sich über seine Königsherrschaft, es leuchtete ihr Antlitz. 19 „Der Herr, der durch seine Hilfe die Toten lebendig gemacht hat, der in Not und Unheil allen wohlgetan hat" - so huldigten sie im freudig, sie verehrten seinen Namen. 20 Ich, Kyros, der König des Weltreichs, der große König, der mächtige König, der König von Babel, der König von Sumer und Akkad, der König der vier Weltsektoren ...... - als ich friedlich in Babel eingezogen war, 23 schlug ich unter Jubel und Freude im Palast des Herrschers den Herrschaftssitz auf. Marduk, der große Herr, hat mich das weite Herz

des … von Babel…., Tag für Tag kümmerte ich mich um seine Verehrung. … 33 Und die Götter von Sumer und Akkad, welche Nabonid zum Zorn des Herrn der Götter nach Babel hineingebracht hatte, ließ ich auf Befehl Marduks, des großen Herrn, in Wohlergehen 34 in ihren Heiligtümer einen Wohnsitz der Herzensfreude beziehen." TUAT I,4, S. 408-410

21. Wobei mit „Assyrien" nicht die Weltmacht mit der Hauptstadt Ninive vor 612 v.Chr., sondern Neubabylonien gemeint ist. Zitiert nach Opera Folio, www.operafolio.com, da der Text bei Kurt Pahlen den italienischen Text zu frei wiedergibt.
22. In der jüngsten Dresdner Inszenierung an der Semperoper 2019 tritt er, von geistiger Demenz umnachtet, mit einem Ball auf, den er immer wieder mit der Hand auf den Boden vor sich her aufspringen lässt.
23. Xenephon, Kyrupädie 5,4,35 und 7,5,32
24. Berossos, Die Fragmente der griechischen Historiker, Buch 3
25. 4Q242 = 4QPrNabar/OrNab. Johann Maier, Die Qumran-Essener. Die Texte vom Toten Meer, Band II: Die Texte der Höhle 4, UTB 1863, München/Basel 1995, S. 185f
26. Klaus Koch hat (nach Vorarbeiten von Karl-Hjalmar Fahlgren und Joh. Pedersen aus den dreißiger Jahren des 20.Jh.) die traditionelle Auffassung von einem „Vergeltungsdenken" im AT ersetzt durch die Auffassung, dass im Alten Testament weithin eher eine Vorstellung von einer sog. „schicksalswirkenden Tatsphäre" vorherrsche. Das meint, dass den Täter sozusagen eine Sphäre von „dinglicher Stofflichkeit" umgibt, durch die das der Tat entsprechende Ergebnis oder Geschick nahezu „zwangsweise" über den Täter komme oder auch von

Gott „zur Entfaltung gebracht" werde (K. Koch, Gibt es ein Vergeltungsdogma im AT?, in: K. Koch (Hrsg.), Um das Prinzip der Vergeltung in Religion und Recht des AT (Wege der Forschung 125, Darmstadt 1972). Diese nach wie vor oft vertretene Auffassung wird freilich in letzter Zeit z.B. von Jan Assmann und Bernd Janowski kritisiert (vgl. den Überblick bei A. Grund, Artikel „Tun-Ergehen-Zusammenhang" I. Biblisch, in: Religion in Geschichte und Gegenwart, 4. Auflage, Band 8, Tübingen 2005, Spalte 654-656).

27. Die deutsche Übersetzung, zitiert nach Opera Folio, www.operafolio.com:

> „Niederknieend
> Herr! würd'ge Tempel will ich Dir errichten
> Und Hochaltäre Deinem Dienst geweiht;
> Des Baal Götzenbild will ich vernichten,
> Nur wende von mir mein entsetzlich Leid.
> Gott! Du willst auch der Bösen Fleh'n erhören:
> Schon fühl' ich schwinden meines Geistes Nacht;
> Im Staub Allgüt'ger will ich Dich verehren,
> Anbeten Dich, und preisen Deine Macht."

29. Nebukadnezzar als Gottesknecht עֶבֶד יהוה <æbæd jahwe s. Jer 25,1.9; 27,6; 43,10. Im 3. Akt erscheint Nabucco mit verwildertem Haar und heruntergekommener Kleidung. Am Ende dieses Aktes sagt er selbst, dass er entehrt und von einer Sklavin beleidigt ist. Auch zu Beginn des 4. Aktes, als er die Situation falsch einschätzt, dürfte dies kaum anders sein. Dennoch ist diese Arie die Befreiung von seiner gegenwärtigen Situation hin zu einer glorreichen Zukunft. Von daher stellt sich mir die Frage, ob es sinnvoll ist, dass Nabucco diese Arie

als Gefangener wie in der Inszenierung der Semperoper 2019 singt oder demütig im Herrscherornat (Nabucco zu Abdallo: „Verwirrt sind mir nicht mehr die Sinne!"), zugleich aber kraftvoll und mächtig wie in der MET Inszenierung von 2017.
30. Martin Luther, Von der Freiheit eines Christenmenschen, eine der großen reformatorischen Hauptschriften des Jahres 1520. Nach Luther ist jeder Mensch ein freier Herr und niemandem untertan, als Knecht Gottes aber jedem und aller Dinge untertan.
31. Die Perser konnten politisch knallhart sein, religionspolitisch waren sie recht klug und pragmatisch, indem sie jeden nach seiner Façon selig werden ließen – unter zwei Voraussetzungen: Steuern zahlen und gegenüber dem Herrscher loyal sein.
32. Udo Bermbach, aaO S. 9f
33. Sehr beeindruckend ist Günter Krämers Inszenierung des „Nabucco" am Teatro La Fenice in Venedig 2008, bei der die Bibelsprüche in hebräischer Sprache auf die gesamten Zuschauerränge projiziert werden. Guido Petzold ist für die beeindruckende Lichtgestaltung verantwortlich.

Zusammenfassung

Die Oper „Nabucco" ist nicht die biblische Legitimation des Risorgimento, es ist aber auch kein Zufall, dass Solera und Verdi diesen Text gewählt haben. Nabucco ist aber auch ein Bekenntnis, dass unterdrückte Völker immer wieder um ihre Freiheit kämpfen. „O mia patria si bella e perduta" auf dem Hintergrund von Machiavellis „Il Principe" weist einen nationalen Impetus auf. Die nationale Identität war durch Solera und Verdi vorgezeichnet. Eine geniale Oper war mit „Nabucco" geboren, auch wenn die Bedeutung als italienische Nationaloper erst später kam.

Bemerkenswert ist die Tatsache – und das ist wohl die wichtigste Erkenntnis dieser Schrift – dass in der Gestalt des Nabucco drei große weltgeschichtliche Herrscher vereint sind, die auch im Alten Testament eine wichtige Rolle spielen:

Nebukadnezar II. – der große Feldherr und Weltenherrscher, der das neuassyrische Reich dem Untergang weihte und auf seinen Trümmern das umfassende neubabylonische Imperium errichtete. Im Unterschied zum biblischen Bericht 2 Kön 25,20f zieht er in der Oper selbst siegreich mit in Jerusalem ein und zerstört die Stadt und den Tempel und damit in seiner Ideologie die Macht Jahwes. Marduk, der Stadtgott von Babylon, tritt nun als universeller Herrscher an seine Stelle.

Während es im Alten Testament und im Opernlibretto immer um die Überlegenheit Jahwes gegenüber den babylonischen Göttern und vor allem Marduk geht, geht es dem historischen Nebukadnezzar II. um die Observanz seiner eigenen Götter, aus der er seine großen Sieg herleitet. Der keilschriftliche Bericht über seine Baumaßnahmen in Babylon unterstreicht dies.

Nabonid – der eine theokratische Neuordnung suchte und an den herrschenden Göttern scheiterte. Der letzte Herrscher des neubabylonischen Reiches war Nabonid. Vielleicht war er assyrischer Abstammung, auf alle Fälle sah er sich als Verwalter des assyrischen Erbes an. Er beabsichtigte wohl, Sin zum Reichsgott zu machen. Die Könige Ägyptens und Mediens sowie Herrscher der arabischen Halbinsel kommen zu ihm und huldigen ihm, während Babylon kultisch vernachlässigt wird, denn ohne den König sind die kultischen Handlungen, vor allem zum Neujahrsfest, nicht möglich. Die babylonischen Priester sind natürlich aufs Höchste aufgebracht, denn Marduk ist für sie der Reichsgott und niemand anderes – und das muss mit allen Mitteln verteidigt werden. Eine Hinwendung Nabonids zum judäischen Gott oder zu einem jüdischen Wahrsager wird dagegen in den babylonischen Chroniken nicht erwähnt.

Die Absetzung von Marduk als oberster Gottheit führte schließlich zum Bruch mit der Priesterschaft, die daraufhin wohl mit dem Perserkönig Kyros II. kooperierte und somit das Ende Nabonids und des neubabylonischen Reiches 539 v.Chr. herbeiführte.(20)

In Verdis Oper wird dies dadurch evident, dass Abigail die Marduk Priesterschaft und damit auch den Großteil des Heeres auf ihre Seite bringt – und zwar nicht erst, als Nabucco vom göttlichen Fluch getroffen ist und seine Macht verloren hat. Abigail hat den Vater verloren, dafür aber den Thron erkämpft.

Auf Nebukadnezzar II. kann dies beim besten Willen nicht zutreffen. Seine Verehrung Marduks ist genauso augenscheinlich wie die Treue des Heeres und die erfolgreiche

Militärpolitik. Eine historisch einigermaßen zutreffende Darstellung Nabonids gibt es nicht. Die Vielzahl der antiken griechischen Historiker charakterisieren ihn sehr negativ.

Wie das gewaltige Standbild in Dan 2,31-33 stürzt auch das Götzenbild im 4. Akt in sich zusammen (Parallele zu Dan 2,35). Die Macht der Götter ist gebrochen. Jahwe ist der alleinige Herrscher und Gott.

Kyros II. – der Herrscher, der das neubabylonische Reich beendete und mit dem persischen Großreich eine neue Machtordnung errichtete, womit er die Rückkehr der Judäer aus dem babylonischen Exil ermöglichte. Er wird als ein toleranter Herrscher dargestellt, der weitgehend Religionsfreiheit zulässt, als ein positiver Herrscher par excellence, und seine Erziehung ist die eines idealen Herrschers. Bei „Nabucco" hat der König durch seine Bekehrung und Verehrung Jahwes den Götzendienst und die Statue Baals beseitigt. Gott hat sein Volk gerettet, aber nicht, indem ein neuer Weltenherrscher den alten besiegt hat, sondern indem der allumfassende Weltenherrscher Nabucco (Nebukadnezzar, Nabonid und Kyros II. in einem) durch die wahre Erkenntnis des einzigen Gottes zum alleinigen Werkzeug Gottes geworden ist.

Wer ist also Nabucco?

Eine Idealgestalt als Befreier zu allen Zeiten, im 6. Jahrhundert v.Chr. genauso wie im 19. Jahrhundert n.Chr., ein Herrscher, der als Knecht Jahwes, als Werkzeug Gottes, die Sünden der Menschen straft und sie zugleich aus Not errettet, aber nicht aus eigener Machtvollkommenheit, sondern durch eine gottgewirkte Wandlung, verdichtet in dieser Person des Nabucco, was historisch für die drei hinter Nabucco stehenden Herrscher nicht nachweisbar ist, aber durch die schon in damaligen Zeiten erfolgte narrative Komprimierung geprägt wurde. Va, pensiero, sull'ali dorate…..

Und so zeigen meine Betrachtungen auch, wie alttestamentliche Texte nach zweieinhalb Jahrtausenden in unserer heutigen Zeit an Relevanz gewinnen.

Summary

The opera "Nabucco" does not represent the biblical legitimisation of the Risorgimento. However, it is no coincidence that Solera and Verdi chose this text. Nabucco is also a testimony to the constant struggle of oppressed peoples for their freedom. "O mia patria si bella e perduta" against the backdrop of Machiavelli's "Il Principe" reveals a national impetus. Solera and Verdi had shaped the national identity. With "Nabucco", an ingenious opera was born, even if its significance as an Italian national opera came later.

A remarkable fact – perhaps the most significant finding of this writing – is that the figure of Nabucco unites three great world-historical rulers who also play an important role in the Old Testament:

Nebuchadnezzar II – the great general and world ruler who brought doom to the Neo-Assyrian Empire and erected the all-encompassing New Babylonian Empire on its ruins. Unlike the biblical narrative 2 Kings 25:20f, in the opera, he himself enters Jerusalem victoriously and destroys the city and the temple and thereby, following his ideology, the power of Yahweh. Marduk, the city god of Babylon, now assumes his place as universal ruler.

While the Old Testament and the operatic libretto constantly concern Yahweh's superiority over the Babylonian gods and especially Marduk, the historical Nebuchadnezzar II focuses on observing his own gods, from which he derives his great victory. The cuneiform description of his constructions in Babylon underlines this.

Nabonid – who aimed for a new theocratic order and failed against the ruling gods. The last ruler of the New

Babylonian Empire was Nabonid. Possibly of Assyrian descent, he certainly saw himself as the guardian of the Assyrian legacy. It is likely that he envisaged making Sin the god of the empire. The kings of Egypt and Media as well as rulers of the Arabian Peninsula attend and pay homage to him, while Babylon suffers cultic neglect, since without the king, the cultic acts, especially at the New Year, are not possible. Naturally, the Babylonian priests are extremely upset, for Marduk is the imperial god for them that no one else could match - and this must be vigorously defended. In contrast, the Babylonian chronicles make no mention of Nabonid turning to the Judean god or to a Jewish soothsayer.

Verdi's opera makes this evident when Abigail wins over the Marduk priesthood and with it most of the army – and does not wait until Nabucco is struck by the divine curse and has lost his power. Abigail has lost her father but won the throne.

This cannot by any means be true of Nebuchadnezzar II. His devotion to Marduk is just as obvious as the loyalty of his army and his successful military policy. History does not provide a reasonably accurate portrayal of Nabonid. Many ancient Greek historians characterise him very negatively.

As with the mighty statue in Dan 2:31-33, the idol also collapses in Act 4 (parallel to Dan 2:35). The power of the gods is broken. Yahweh is the sole ruler and God.

Cyrus II – the ruler who ended the neo-Babylonian empire and founded a new order of power with the Persian empire, enabling the Judeans to return from exile in Babylon. He is depicted as a tolerant ruler who largely allows religious freedom, a positive ruler par excellence, and his upbringing is that of an ideal ruler.

In "Nabucco", the king has abolished idolatry and the statue of Baal through converting and worshipping Yahweh. God saved his people, but not by a new world ruler defeating the old one, but by the all-embracing world ruler Nabucco (Nebuchadnezzar, Nabonid and Cyrus II in one) becoming the sole instrument of God through the true knowledge of the only God.

So who is Nabucco?

An idol as a liberator at all times, both during the 6th century B.C. and in the 19th century A.D., a ruler who, as a servant of Yahweh, as an instrument of God, punishes people's sins while saving them from hardship, not through his own power, but through a godly transformation, condensed in the person of Nabucco, which history cannot prove for the three rulers behind Nabucco, but which was marked by the narrative compression of that time. Va, pensiero, sul'ali dorate.....

So my reflections also show how Old Testament texts gain relevance in our own time after two and a half millennia.

www.ingramcontent.com/pod-product-compliance
Lightning Source LLC
Chambersburg PA
CBHW060839190426
43197CB00040B/2713